# Liberdade é poder decidir

## USO DE DROGAS

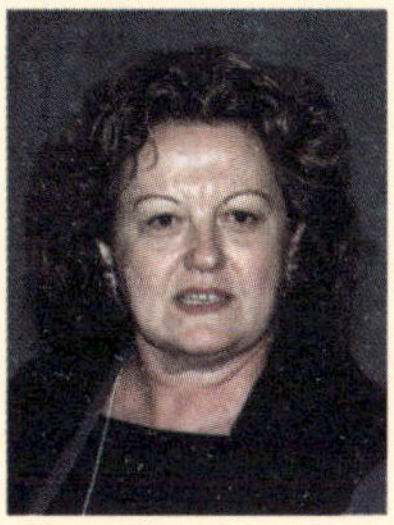

**Maria de Lurdes Zemel**

Psicanalista — candidata da Sociedade Brasileira de Psicanálise de São Paulo.

Membro da Associação Paulista de Terapia Familiar (APTF).

Ex-presidente do Conselho Estadual de Entorpecentes de São Paulo (CONEN-SP) — de 1986 a 1988.

Participante do Curso de Ensino a Distância na Área de Tratamento, convidada pela Secretaria Nacional Antidrogas (SENAD).

Atividade profissional:

— Clínica particular para jovens e famílias.

— Coordenadora e supervisora de projetos de prevenção ao uso de drogas em diversas escolas de São Paulo.

**Maria Eliza de Lamboy**

Bióloga.

Coordenadora de Projeto de Prevenção ao Uso de Drogas.

Atividade profissional — Dirige o Ensino Médio da Unidade III do Colégio Visconde de Porto Seguro.

FTD

Editora FTD S.A.

Matriz: Rua Rui Barbosa, 156 (Bela Vista) São Paulo - SP CEP 01326-010 - Tel. (0-XX-11) 3598-6000
Caixa Postal 65149 CEP da Caixa Postal 01390-970
Internet: www.ftd.com.br E-mail: projetos@ftd.com.br

**Editor**
Maurilo Sampaio

**Coordenação de revisão**
Rosa Maria Mangueira

**Revisão**
Ana Lúcia P. Horn, Claudia Padovani, Eliza Hitomi Yamane
Lia Hernandes, Regina Célia Barrozo

**Editor de arte**
Cláudio Cuellar

**Diagramadores**
Aparecida Pimentel e Reginæ Crema

**Ilustrador**
Patrícia D. Gwinner

**Iconografia**
Coordenação: Sônia Oddi
Assistência: Maria Rosa Alexandre
Pesquisa: Denise Durand

**Editoração eletrônica**
Finalização: Alceu Medeiros
Coordenação: Carlos Rizzi e Reginaldo Soares Damasceno

**Dados Internacionais de Catalogação na Publicação (CIP)**
**(Câmara Brasileira do Livro, SP, Brasil)**

Zemel, Maria de Lurdes
Liberdade é poder decidir : uso de drogas / Maria de Lurdes Zemel, Maria Eliza de Lamboy. — São Paulo : FTD, 2000.

Suplementado pelo livro do professor.
Bibliografia.

1. Drogas — Abuso I. Lamboy, Maria Eliza de. II. Título.

**00-3865** **CDD-362.29**

**Índices para catálogo sistemático:**
1. Drogas : Abuso : Problemas sociais 362.29

# Agradecimentos

*A todos que diretamente*
*colaboraram para a criação deste livro:*

*Minha coautora, pela parceria produtiva.*

*Nossos maridos (Helio e Walter),*
*nossos filhos (Gabriela e Karin, Daniel e Pedro) —*
*jovens revisores.*

*Escolas, alunos, pacientes e amigos.*

*Ao nosso editor, pelo amparo constante.*

# Apresentação

*Contam que, certa vez, um lutador de boxe, numa disputa de 10* rounds, *estava levando a luta com grande vantagem de pontos sobre o adversário.*

*No nono ou décimo* round, *não me lembro, já quase certo da vitória, para desprezar o adversário, baixou a guarda, rindo. E foi nocauteado.*

*Acho o boxe uma prática brutal e irracional. Por isso, do exemplo só quero destacar o final: baixou a guarda! Nocaute!*

*É uma imagem do que pode acontecer com cada um de nós diante de inúmeras propostas apresentadas no dia a dia.*

*Este livro visa ajudar a não "baixar a guarda" diante de tantas ofertas atraentes que podem deixar a pessoa física, psicológica e moralmente nocauteada, sem poder decidir.*

*O editor*

# Sumário

*O mundo de fora
é um mercado onde
os pássaros engaiolados
são vendidos e comprados.
As pessoas pensam que,
se comprarem o pássaro certo,
terão alegria.
Mas pássaros engaiolados,
por mais belos que sejam,
não podem dar alegria.
Na alma não há gaiolas.
A alegria é um pássaro que
só vem quando quer.
Ela é livre.
O máximo que podemos fazer é
quebrar todas as gaiolas e
cantar uma canção de amor,
na esperança de que ela nos ouça.
Oração é
o nome que se dá a esta canção
para invocar alegria*

Rubem Alves. *A festa de Maria.*

# I - Informações gerais

# 1. Usos e Abusos (das Drogas — das Pessoas)

*"Eu não uso drogas proibidas, só bebo."* (José Carlos,19 anos)

*"Eu fumo maconha, que é natural. Barra pesada é aquele que usa bola."* (Patrícia,15 anos)

"Crack? *Deus me livre! Eu cheiro; é menos perigoso."* (Valéria,16 anos)

*"Eu me injeto, mas tomo cuidado porque lavo bem as mãos e uso seringas descartáveis."* (João,18 anos)

Diante dessas afirmações, vamos destacar alguns pontos:

1º) Dois elementos estão sempre presentes: uma droga e um indivíduo.

2º) Os usuários admitem o uso, mas em seguida utilizam uma justificativa amenizadora, colocando o problema em outra droga ou em outra forma de uso.

3º) Os usuários pretendem ter um controle sobre "sua" droga ou sobre "sua forma de uso".

4º) Os usuários anteveem um problema e colocam-no a certa distância de si mesmos. É possível separar as drogas das pessoas?

## As pessoas e suas decisões

Um fato:

Eu estava numa praia, no litoral norte de São Paulo, refletindo sobre o uso das drogas, e do terraço vi um pássaro andando pela grama e piando desesperadamente.

O jardineiro que estava por perto se aproximou e explicou que a chuva e o vento tinham derrubado um filhote do ninho, e que o pássaro piando era a mãe procurando seu filho. Perguntei ao jardineiro como ela poderia levá-lo de volta ao ninho. Ele respondeu que não seria possível. Se a mãe achasse o filhote antes do anoitecer, e se ele não estivesse muito machucado, ela passaria a noite com ele tentando encontrar um local mais protegido para acabar de criá-lo. Mas se ela não o encontrasse até o anoitecer, ou ainda se o encontrasse muito machucado, ela o abandonaria.

Fiquei intrigada com o acontecido e pensei no ser humano. Se uma mãe estivesse procurando um filho perdido e ao anoitecer o encontrasse muito ferido, nunca o abandonaria. Ao contrário, ficaria mais aflita.

Num gesto de solidariedade com aquela mãe-pássaro, levantei-me e fui ajudá-la a procurar seu filhote. Mais uma vez o jardineiro me explicou que eu devia ficar a distância, porque assim poderia atrapalhar. Era verdade. Quando eu me aproximava, ela voava. Aquela era uma questão que ela deveria resolver a seu modo. A natureza do pássaro era esta, ela era determinada, "programada" para procurar seu filhote até o anoitecer. E isso aconteceu. Anoiteceu e ela parou de piar.

Sem saber se ela tinha encontrado o filhote, fui até o jardineiro e juntos vimos que o ninho continuava vazio. Deduzimos que ela não tinha achado o filhote.

Ainda um pouco chocada com a mãe-pássaro, pensei como ela era diferente de mim. Ela cumpre seu destino, sua natureza, e eu cumpro a minha.

## Mas afinal, o que nos diferencia?

Eu condenaria uma mãe que deixasse de procurar seu filho à noite. Mas aquele pássaro não será condenado por ninguém. Cumpriu o que a natureza determina e pronto. Está livre para voltar a seu ninho. A condição humana não é tão simples, ela permite ter escolha. A mãe humana tem maior liberdade. Ela pode escolher entre procurar ou não seu filho.

Essa é a grande diferença que existe entre as pessoas e os animais: a possibilidade de escolha. As pessoas fazem suas escolhas na vida. Escolhas baseadas nas influências culturais, familiares e pessoais. Por exemplo, mãe japonesa e mãe italiana usam com seu filho tom de voz muito diferente, mas as duas podem fazer uma comunicação amorosa.

O que diferencia os seres humanos dos animais é sua capacidade de pensar e sua inteligência.

A espécie humana tem condições de refletir para exercer sua liberdade de escolha. Podemos dizer "sim" ou "não", "quero" ou "não quero", "posso" ou "não posso". É exatamente isso o que nos diferencia da mãe-pássaro. Nunca temos apenas um caminho a seguir. Por mais difíceis que sejam as circunstâncias que nos cercam, temos vários caminhos. Liberdade é poder decidir.

É verdade, são muitas as possibilidades. Mas pense um pouco. Assim como a decisão daquela mãe-pássaro definiu o destino do filho, as decisões sobre nós mesmos também definem muitos aspectos das nossas vidas.

Outro fato:

Um amigo, que é um grande nadador, me contou que fez um trabalho com uma tribo indígena. Numa ocasião, foram atravessar um rio a nado. Os índios que iam a sua frente sempre mergulhavam quando se aproximavam da outra margem do rio. Ele interpretou esse acontecimento como um costume próprio deles e foi atravessar o rio sem nenhum temor.

Quando chegou próximo a outra margem do rio, foi levado por uma forte correnteza. Então compreendeu por que os índios mergulhavam.

Meu amigo tinha uma experiência, sabia nadar. Mas não bastava. Precisava considerar a experiência de quem conhecia o rio.

## O que isso tem a ver com consumo de drogas?

Não lhe parece importante ter conhecimento e refletir, para poder decidir sobre seu contato com as drogas? Mesmo quando você se acha muito sabido, como meu amigo nadador, não é bom olhar a sua volta?

Quem decide se vai ou não usar a droga é a pessoa, é você.

A pessoa vai agir como um pássaro, que tem uma "programação", ou vai pensar, refletir e decidir?

Às vezes, podemos achar que temos pouca condição de pensar. Isso nos torna mais vulneráveis para aceitar a pressão de um grupo, definindo-nos como pássaros, com poucas opções. Podemos sentir, também, que a vida é muito extensa, e que vamos ter muito tempo para consertar tudo.

Nunca use sua idade como desculpa. Quem escolhe é você. Você é responsável.

## Você conhece tudo sobre drogas? Que tal um teste?

Pense nas drogas que você conhece e faça uma lista. Isso mesmo, pegue um papel e escreva.

Terminou? Parabéns!

Se você incluiu fumo e bebidas alcoólicas em sua lista, já foi uma vitória.

## Por que será que são drogas?

Convenceu-se de que é preciso ter um conjunto razoável de conhecimento sobre drogas? E sobre os efeitos que cada uma provoca, o que você sabe?

Mais à frente vamos falar disso. Aqui é só a constatação de que o uso de sua liberdade (querer ou não querer usar drogas) exige o conhecimento de todos esses fatores.

Nos dias de hoje temos muitas preocupações e muitos problemas com o uso e o tráfico de drogas.

Muitos controles estão sendo estabelecidos para tentar afastar as pessoas do contato com a droga, como, por exemplo, as leis.

## As drogas influindo nas pessoas

Quando as pessoas usam drogas pretendem usá-las "adequadamente", mas eventualmente não conseguem manter esse controle, ficam *fissuradas*.

> FISSURA: desejo impulsivo de usar uma droga.

A fissura, como a própria definição sugere, é uma questão psíquica; podemos entender melhor isso se pensarmos numa experiência distante da droga. Eu compro uma barra de chocolate que daria para toda a minha família comer. Como o primeiro pedaço e, quase sem perceber, vou comendo outro e outro, até acabar com a barra. Não estou me sentindo bem; é muito chocolate para mim, mas minha cabeça vai justificando essa comilança. Vai me dizendo: "— tudo bem, depois eu compro outro", "— tudo bem, meus irmãos não gostam tanto de chocolate como eu". Assim, posso arranjar muitas justificativas que me convençam. Da mesma maneira pode acontecer com as drogas. Vou usando e justificando para mim mesma por que não consigo parar.

Usar uma droga é muito diferente de abusar ou depender dela. Usar ou experimentar seria: "— hoje vou fumar só um cigarro" ou "— hoje vou tomar só um copo de cerveja".

Muitas pessoas "usam" ou "experimentam" drogas. Isso não significa que elas comprometerão suas vidas. Elas não ficam fissuradas e não se colocam em risco. Não perdem a capacidade de pensar sobre si mesmas. Por exemplo: vou sair no sábado e sei que vou beber. Então, tenho de tomar o cuidado de jantar antes de sair e de pensar se estou mesmo com vontade de beber. Pode ser que eu me sinta "obrigada" a beber só porque é sábado.

Mas essa experiência pode dar certo. Começo a repeti-la com alguma frequência. "— Quando estou deprimido, quero beber para ficar alegre". "— Briguei com meus pais e quero beber para relaxar".

Se repito muito essa experiência, vou causar *tolerância* em meu organismo.

TOLERÂNCIA: estado do organismo e/ou do psiquismo em que a quantidade de droga precisa ser aumentada para que se obtenha o prazer anterior.

Tenho então condição de observar que antes eu tomava uma cerveja e agora preciso tomar duas ou três. Estou *abusando* da droga.

Nesse estágio as pessoas já começam a ter problemas. Um exemplo: "—Tenho fumado maconha nas festinhas de fim de semana e às vezes até durante a semana, por isso não tenho conseguido me concentrar nas aulas". Ou ainda: " — Tenho tomado cerveja toda vez que me encontro com os amigos". Os que estão à sua volta observam e até o avisam.

A relação das pessoas com a droga está se invertendo, elas vão perdendo o controle. A droga começa a dirigir suas vidas.

Mas, se elas continuarem com esse abuso, ficarão *dependentes*.

**DEPENDÊNCIA:** é um estado de aprisionamento. É a inversão de uma relação. Não é mais o indivíduo que busca a droga, mas a droga que busca o indivíduo.

Hoje já não se faz mais uma distinção entre a dependência física e a psíquica. Sabemos quais são as drogas que causam dependência, e as drogas psicoativas fazem parte desse grupo.

Dizemos que um indivíduo está dependente quando ele necessita da droga para acalmar suas reações orgânicas ou psicológicas, como tremores ou ansiedade.

A dependência pode ser tratada por meio de atendimento médico e psicológico, mas sempre com a ajuda do próprio indivíduo, com seu desejo e empenho.

# QUANDO É USO E QUANDO É ABUSO?

USO | ABUSO | DEPENDÊNCIA

Depender da droga significa precisar dela para restabelecer um equilíbrio, pois a falta da droga no organismo causa desequilíbrio, causa *abstinência*.

> ABSTINÊNCIA: são sinais físicos (cãibras, dores de cabeça) ou psíquicos (ansiedade, depressão) que acontecem com a interrupção do uso da droga.

Num estado grave de dependência, as pessoas passam a ser controladas pela droga. Obter a droga e usá-la são os únicos sentidos de sua vida. Nessa fase, já então é impossível obedecer a normas e cumprir regras até com o próprio corpo. Neste momento, a vida resume-se em: procurar a droga — usar — ter fissura — usar mais — ter sinais de abstinência — precisar usar. Assim, progressivamente, até a *overdose*.

> *OVERDOSE*: como a própria tradução da palavra diz, é uma dose exagerada para o organismo do indivíduo e que pode levá-lo à morte.

## As drogas comprometendo as pessoas

O processo depende tanto das *pessoas* como das *drogas*.

As pessoas têm organismo e psiquismo diferentes. Por exemplo, Maria tem febre. Isso a deixa tão abatida que precisa faltar à escola. João não. Ele tem febre e continua suas atividades. Ou, ainda, Alice tirou uma nota baixa e chorou três dias. Joana tirou a mesma nota e tomou a providência de estudar mais para melhorar seu desempenho.

O mesmo acontece com as drogas. Cada pessoa terá uma reação, dependendo de seu organismo e de seu psiquismo.

Mas o que leva alguém a se tornar dependente de uma droga?

Um conjunto de fatores pode desencadear dependência:

— problemas pessoais;

— famílias desajustadas: pais que estão distantes dos filhos e violência dentro de casa podem contribuir para que jovens possam fazer uso da droga de maneira abusiva;

— estado psicológico: pessoas infelizes e inseguras têm maior tendência a procurar drogas do que as pessoas mais confiantes e satisfeitas;

— pressão do grupo: é uma pressão social muito forte. É comum encontrarmos uma roda de amigos, onde todos fumam. Para que um novo amigo entre para o grupo, ele também precisa fumar. E ele fuma, mesmo que de início esse hábito não lhe dê nenhum prazer e, até ao contrário, lhe cause náuseas.

Todas essas questões merecem atenção, e, é claro, conforme vamos aumentando nosso uso da droga, vão aumentando nossas dificuldades para sair do problema provocado por ela.

De qualquer forma, ao contrário do que se propaga, ESTE NÃO É UM CAMINHO SEM VOLTA.

Para encerrar este capítulo, gostaria de perguntar: quem vem primeiro, a *droga* ou a *pessoa*?

No início do processo, as pessoas dirigem suas experiências. São as pessoas que fazem a opção de usar drogas. As drogas não têm vida para se enfiarem nas vidas das pessoas. Elas (as drogas) são oferecidas como qualquer produto, e as pessoas tentam satisfazer-se procurando-as.

Conforme o processo vai se instalando, é como se a droga passasse a dirigir a relação. Ela é primordial, é até essencial para acalmar o organismo na abstinência. As pessoas sentem-se escravizadas pela droga.

O interessante dessa questão é que a possibilidade de se livrar do problema está no fato de o indivíduo se colocar como sujeito da relação. Se o indivíduo se colocar como responsável pelo processo, ele poderá reduzir os elementos da equação.

## 2. Ação Biológica da Droga

*O despertador tocou, Cristina acordou atrasada como sempre. No caminho, entre um semáforo e outro, Cristina e Ana, sua carona, foram recordando a matéria que haviam estudado para a prova que aconteceria na primeira aula.*

*Mas, na classe, quando recebeu a prova, teve a sensação de que a matéria ia se distanciando dela. Ela tinha estudado, mas deu um branco, não se lembrava de quase nada. Então seu pensamento voou. Foram apenas alguns segundos, mas ela teve a impressão de que foram algumas horas. E num instante várias cenas rodearam a sua cabeça: a nota baixa, a possível reprovação, como contar para a mãe, como encarar os colegas, que achavam que ela era uma boa aluna, e as férias, ah... até a brancura de seu corpo, por não tomar sol no próximo verão, ela sentiu. Imediatamente uma sensação de desconforto tomou conta dela. Sentiu calor, dor de estômago e começou a suar. Por que ocorrem todas essas sensações desagradáveis?*

Ao ler a prova, os estímulos entraram pelos olhos e foram conduzidos por células chamadas neurônios, que funcionam como fios elétricos na transmissão dos impulsos para o cérebro. O cérebro recebe as mensagens e devolve-as através de outros neurônios para todas as partes do corpo.

A tensão e o medo de Cristina atrapalharam as informações que estavam sendo transmitidas pelos neurônios, e ela não se lembrou do que tinha estudado. Outras informações presentes em seu cérebro afloraram e confundiram as transmissões. Os estímulos foram transmitidos para glândulas, que provocaram sensações de calor quando se sentiu em pânico porque não se lembrava do que tinha estudado no dia anterior.

Essas reações ocorrem no nosso organismo com frequência. Muitas vezes um cheiro, uma foto, uma pessoa ou um ruído podem provocar imediatamente lembranças, fantasias, ilusões e até alucinações. Você lembra do gato ou da gata que só lhe dirigiu um "oi"? Você sentiu seu coração disparando, como se fosse o grande amor de sua vida? É isso mesmo. Por alguns segundos a gente tem dificuldade de distinguir entre a realidade e as fantasias criadas naquele momento.

Como você está percebendo, nosso sistema nervoso, agindo naturalmente, pode criar situações que parecem confusas.

Você conhece essa célula nervosa que se chama neurônio? Conheça-a:

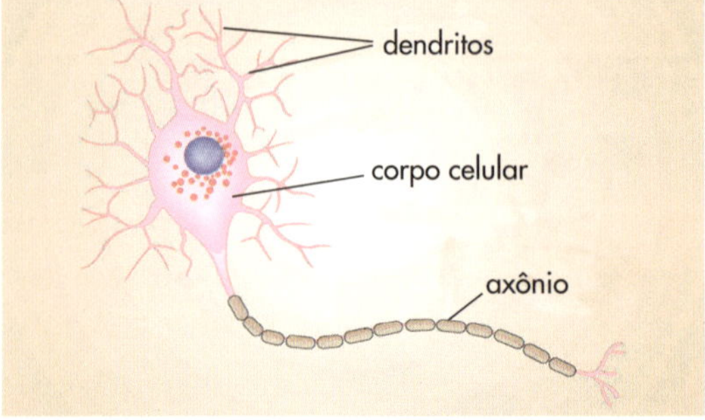


Neurônio.

O neurônio é formado por um corpo celular, por um prolongamento (axônio) e por ramificações (dendritos) que funcionam como fios elétricos percorrendo todo o nosso corpo, conduzindo nossas sensações.

Sabe quantos são?

São bilhões de neurônios em nosso cérebro e cada um está ligado no mínimo a 50 mil outros neurônios em todo o nosso corpo.

Como a informação passa de uma célula a outra?

O segredo dessa transmissão é que os neurônios não se tocam. Entre essas células existe um espaço chamado sinapse. Nesse espaço, o neurônio libera substâncias químicas chamadas neurotransmissores, que conduzem o estímulo de um neurônio para outro.

Com todo esse emaranhado de comunicação, onde exatamente agem as drogas?

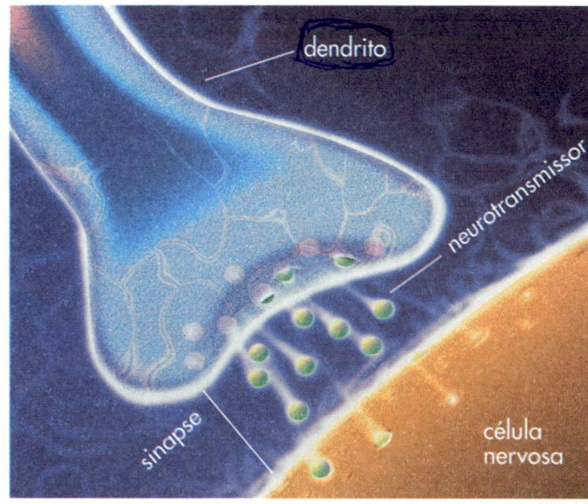


David Gifford/SPL/Stock Photos

Neurotransmissor.

As drogas agem nos neurotransmissores, confundindo a forma como as mensagens são enviadas para o cérebro e como dele retornam para as diversas partes do corpo. Afetam nosso comportamento e nosso estado de espírito, modificando a nossa maneira de sentir, de pensar e até de agir. São chamadas, por isso, *drogas psicoativas*.

## O QUE É UMA DROGA?

É uma substância que pode fazer mal à saúde

física e... psicológica

do ser humano.

As drogas psicoativas podem ser divididas em três grupos, dependendo da ação que exercem no cérebro: depressoras, estimulantes e perturbadoras.

As *depressoras* atuam diminuindo a atividade das células nervosas. O indivíduo fica "desligado", "devagar" ou alheio ao que está acontecendo a seu redor.

As *estimulantes* atuam aumentando a atividade das células nervosas, acelerando o fluxo das mensagens, fazendo com que a pessoa que as utiliza fique "ligada" ou "elétrica".

Por último, as drogas *perturbadoras*, que interferem na atividade do cérebro de maneira pouco conhecida. Elas fazem com que o cérebro passe a funcionar de maneira desgovernada. Podemos dizer que a pessoa fica com a mente perturbada, fica "doidona".

A tabela a seguir mostra a classificação dos principais tipos de drogas.

**PRINCIPAIS DROGAS PSICOTRÓPICAS**

| Perturbadoras | Depressoras | Estimulantes |
|---|---|---|
| Maconha | Álcool | Cocaína |
| LSD | Narcóticos | Anfetaminas |
| *Ecstasy* | Sedativos | Fumo |
| Plantas alucinógenas | Ansiolíticos | Cafeína |

# II- Drogas estimulantes

# 1. Fumo

*É sábado de manhã e Ricardo vai encontrar seus amigos para jogar futebol. Abre a porta do elevador e encontra uma jovem fumando. Imediatamente ele sente uma sensação desagradável. Entra, tosse e dirige-se à mocinha:*

*— Você leu a placa que diz é proibido fumar no elevador?*

*— Qual é o problema? Será que você não pode suportar ver uma menina fumando, ou a fumaça pode prejudicar a saúde do marmanjão? Vai me dizer que você não fuma?*

*— Já experimentei cigarro e não gostei. Pelo menos por alguns poucos minutos você poderia apagar esse cigarro e respeitar a minha vontade de não fumar?*

Coloque-se na posição de Ricardo, que já experimentou cigarro e optou por não fumar. Ele deve preservar essa liberdade de escolha. A curiosidade, em alguns momentos, pode nos levar a conhecer coisas que não são agradáveis ou que nos causam danos. Pode ser mais uma experiência, das muitas que vamos adquirindo e somando durante nossa vida. É aí que entram nossa formação, nossos conhecimentos, nossa vontade para ponderar e decidir. Ricardo decidiu por não fumar.

O que faz com que a nossa mocinha do diálogo acima chegue ao cigarro e, como muitas pessoas, se mantenha quase durante toda a vida dependente?

Apesar de tantos males comprovados, a propaganda encoraja o hábito de fumar utilizando-se de pessoas jovens, bonitas, elegantes, que enchem os olhos de quem as vê. Analise um pouco uma propaganda de cigarro. Só aparecem situações de sucesso, de realização pessoal. São imagens de sonhos, com frases curtas e fortes: "um raro prazer" ou "sabor e suavidade" ou, ainda, "*no limits*".

Ninguém vai esperar que mostrem que o bafo do fumante é desagradável, que os dentes vão escurecendo com o tempo, que os dedos que seguram o cigarro vão amarelando, que mostrem pessoas doentes, que entre uma frase e outra precisam tossir para tirar o pigarro da garganta. Ou, ainda, avisar que cada vez mais surgem restrições aos fumantes. Ninguém vai dizer essas verdades.

Para conseguir vender cigarros e comprar pessoas, é preciso mobilizar aspectos pessoais mal resolvidos. Se eu me sinto insegura, talvez fique pensando que, se fumar, vou ficar como o artista que aparece na propaganda. Aí, já estou comprada. E às vezes não consigo nem ser educada, fumando até dentro do elevador!

## Alguns alertas

*O tabaco é um dos maiores problemas de saúde pública de nossa época.*

*Segundo a Organização Mundial de Saúde (OMS), o fumo é o principal agente poluidor de ambientes, prejudicando os não fumantes.*

*Aproximadamente 4% da fumaça do cigarro é composta por monóxido de carbono. A concentração dessa substância na fumaça do cano de descarga de um carro é de 30 mil a 80 mil partes por milhão (ppm), enquanto a fumaça do cigarro tem de 20 mil a 40 mil ppm.*

Muitos outros problemas aparecem com o uso contínuo do cigarro. Além do câncer de pulmão, os fumantes podem desenvolver câncer de garganta e de esôfago. Úlceras de estômago também são mais comuns em pessoas que fumam.

*O Ministério da Saúde adverte:*

*• Quem fuma adoece mais de úlcera do estômago.*

*• Evite fumar na presença de crianças.*

*• Fumar durante a gravidez pode prejudicar o bebê.*

## Então por que as pessoas fumam?

Em primeiro lugar o fumo é uma droga permitida por lei e aceita socialmente. O espaço que já foi conquistado pelo cigarro invade o nosso dia a dia. Nos filmes, nas novelas, nas festas e nas ruas você encontra jovens e velhos, homens e mulheres com cigarros entre os dedos.

Um segundo aspecto é que o resultado do fumo normalmente demora a aparecer. Muita gente só se convence após um enfarto ou um câncer de pulmão. São poucos os que insistem fumando depois disso.

Podemos ainda dizer que o fumo aparentemente não compromete a atividade rotineira. O fumante continua desempenhando as suas funções no trabalho, na família e na sociedade.

## O que encontramos no cigarro que pode causar tanto prejuízo à nossa saúde?

Os elementos mais importantes são nicotina, alcatrão e monóxido de carbono. A nicotina é o princípio ativo do cigarro. É uma droga estimulante, que altera os batimentos cardíacos, a pressão arterial, a frequência respiratória e a atividade muscular.

A nicotina do cigarro transfere-se para os alvéolos pulmonares e em seguida para a corrente sanguínea, chegando diretamente ao cérebro. Esse percurso é feito em torno de 7,5 segundos.

O alcatrão é o componente que dá sabor ao cigarro. Infiltra-se nos alvéolos pulmonares causando graves problemas respiratórios. Contém algumas substâncias consideradas cancerígenas.

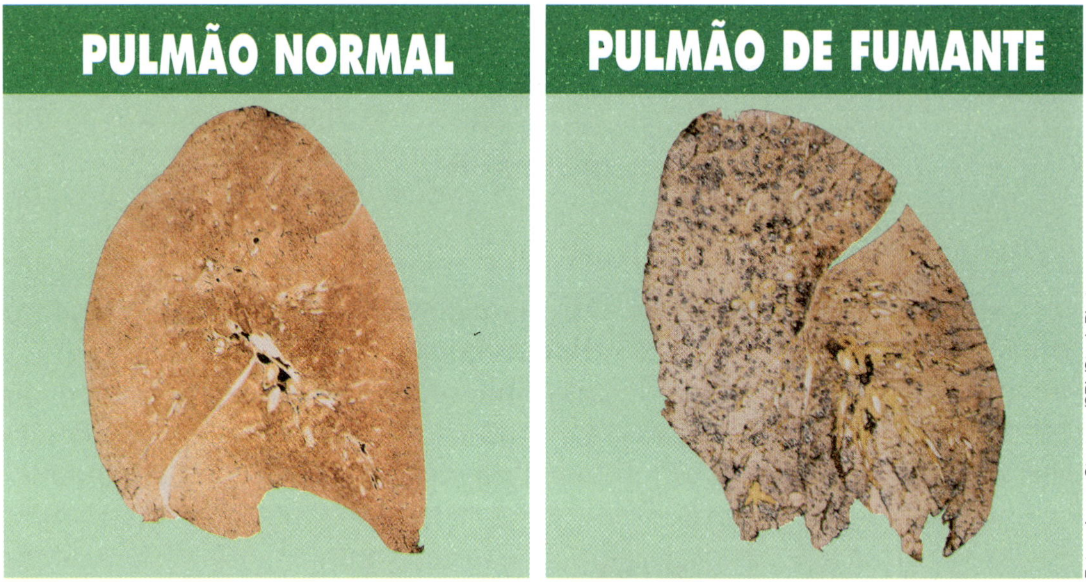


Fotos: James Steveson/SPL/Stock Photos

O monóxido de carbono, componente da fumaça do cigarro, quando inalado, combina-se com a hemoglobina do sangue. Como a hemoglobina é responsável pelo transporte de oxigênio através do sangue, esse transporte fica sensivelmente comprometido.

## Outros alertas

### Respeite o meu direito de não fumar

Os fumantes passivos, aqueles que são expostos à fumaça do cigarro, também são atingidos pelos efeitos do cigarro de uma maneira bem significativa.

O Ministério da Saúde proíbe:

**_Fumo em qualquer instituição de assistência à saúde pública ou privada._**

**_Venda de cigarros para menores de 18 anos._**

**_Propaganda de cigarros entre 6 e 21 horas._**

Aos poucos surgem leis que regulamentam o uso do fumo e protegem o não fumante, garantindo-lhe o direito de não se expor à fumaça. Hoje já temos restrições ao fumo em locais públicos, estabelecimentos comerciais, escolas e hospitais. Diversas campanhas vão diminuindo o espaço dos fumantes. Com isso, aparece e vai tomando corpo o direito dos não fumantes.

**_Você vai entrar nessa?_**
**_Não pense que é obrigatório fumar para atravessar a adolescência._**

## 2. Cocaína

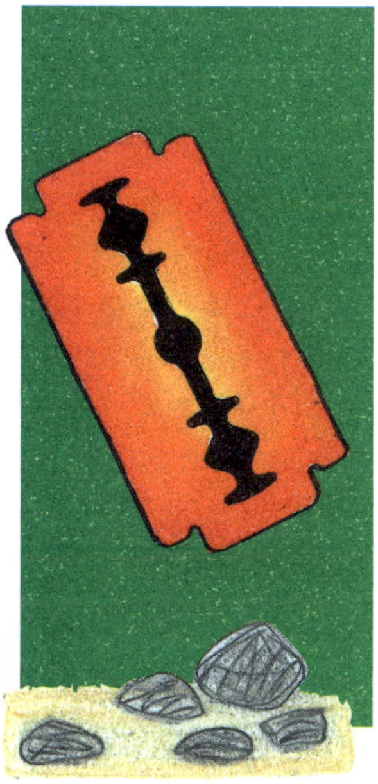

**Conversa de traficantes**

*A: — Precisamos ganhar mais, aumentar a venda de cocaína. Ela precisa ser consumida por um mercado grande e com muita força.*

*B: — Mas por que a cocaína? Nosso mercado de maconha já é bom.*

*C: — O mundo está mais agitado. Hoje todos querem ficar ligados, agitados. A cocaína combina mais com os dias de hoje.*

*B: — Mas é cara.*

*C: — Não tem importância. Quem vai comprar é gente de dinheiro mesmo, não se importa com o preço. Para nós ela sai barata, o refino é feito em laboratório clandestino, é lucro certo. Para os mais pobres, temos a oferta do crack, que custa bem menos.*

Esse é um pequeno recorte de uma conversa entre traficantes que desejam introduzir a cocaína em um bairro de uma cidade grande.

É uma conversa simples, quase equivalente à de um grupo de comerciantes que desejaria introduzir uma nova marca de chocolate.

Às vezes nós ficamos pensando que traficantes são pessoas que logo reconheceríamos como diferentes de nós, como se tivessem uma marca na cara. Mas não. Eles são apenas comerciantes. Comercializam drogas para ganhar dinheiro.

Claro que não têm o direito de fazer isso, pois estão comercializando um produto ilegal, como a cocaína.

Mas os traficantes têm uma marca, que nós não enxergamos. Está escondida no coração e na ética. Eles vendem um produto proibido e não se preocupam com a saúde de seus compradores.

Então, pense um pouco em você. Como é sua preocupação com sua saúde? Você quer cuidar do seu corpo e da sua cabeça?

O traficante vai continuar vendendo.

Você vai comprar?

E se você comprar? Não entra no mesmo esquema dele? Você estaria usando um produto proibido, que faz mal à saúde. Então, nessa situação, você e o traficante não são iguais?

Quando nós somos muito pequenos, acreditamos em lobo mau. Agora já crescemos um pouco e podemos ver que o mal está dentro das pessoas e muitas vezes dentro de nós mesmos.

De vez em quando fazemos coisas indevidas ou ilegais. Ainda bem que temos cabeça para pensar e podemos refazer estes caminhos.

## Um pouco da história

Em dois países sul-americanos, Peru e Bolívia, existem plantações de coca. Muitos nativos desses lugares mastigam as folhas dessas plantações para enganar a fome, suportar o frio e não sentir os efeitos da altitude. O que eles buscam, e encontram, é a possibilidade de trabalhar mais comendo menos, já que ganham pouco.

Nos mercados vendem-se folhas de coca e nos hotéis serve-se chá de coca. Quando a planta é ingerida assim, como alimento ou bebida, muito pouca cocaína chega ao cérebro. O que não significa que num exame antidoping a substância não apareça na urina.

Uma vez, alguns anos atrás, um time brasileiro de futebol foi jogar na Bolívia e o goleiro passou por um exame antidoping. Foi constatada a presença de cocaína. Inicialmente foi suspenso de sua atividade. Conseguiu-se depois provar que ele tinha tomado apenas chá de coca servido no hotel. Ele foi absolvido.

As folhas de coca apresentam apenas o equivalente a 1% de seu peso em cocaína.

Já deu para perceber? Folha de coca é uma coisa e cocaína é outra, certo?

Mesmo assim já deu para perceber que, mesmo quando mascada, a coca é usada para "suportar" mais do que o organismo pode?

Não lhe parece que é aí que mora o problema?

Talvez você já tenha visto na aula de História como eram tratados os escravos. Será que a ideia não é a mesma? Não importa se a consequência possa vir a ser a morte; importa que em pouco tempo você dê tudo de si.

Planta de coca ou epadu.

## A cocaína

A planta da qual se extrai a cocaína se chama coca ou epadu.

Para chegarmos à cocaína, é preciso um processo de refino.

O refino da cocaína vendida pelos traficantes é feito em laboratórios clandestinos, pois é uma droga proibida por lei, já que é uma substância psicoativa.

A cocaína chega aos grandes centros de consumo, como São Paulo, Rio de Janeiro, Salvador, Fortaleza, como um pó branco. É chamada popularmente de "pó", "farinha" ou "branquinha".

A cocaína pode ser usada de muitas formas:

- aspirada ou "cafungada";
- injetada ou "pelos canos";
- fumada em forma de *crack* ou *merla*.

*Aspirar* é a forma mais comum de uso. É bastante perigosa, porque a droga, quando aspirada, entra na corrente sanguínea por meio da vascularização da mucosa, onde a absorção é quase total. Ao mesmo tempo que o efeito é imediato, sua duração é curta e sua tolerância instala-se rapidamente.

Quando as pessoas aspiram cocaína acontece uma vasoconstrição. Os vasos sanguíneos diminuem seu calibre e a circulação fica prejudicada. As mucosas, como a do nariz, precisam de muito sangue para permanecer sadias. Com o uso contínuo da droga, acontece um apodrecimento da mucosa, o septo nasal fica corroído e as pessoas precisam fazer cirurgias para reconstituir essa parte do nariz com platina. São os famosos "narizes de platina".

*Injetar* é outra forma usual. Os que injetam dizem que o fazem porque precisam de efeitos imediatos. Um efeito colateral que acompanha essa forma de uso é a transmissão do vírus da Aids, quando muitos usuários utilizam a mesma agulha ou a mesma seringa. Um deles pode ser portador do HIV ou de outras doenças.

*Fumar crack* ou *merla* é a outra forma de consumo.

O *crack* é produto de cristais formados pela fervura da mistura da cocaína com bicarbonato ou amoníaco.

O *crack* é um produto mais barato. Mais uma vez o barato acaba ficando caro para o bolso e para a vida.

O *crack* também produz um efeito muito rápido, mas logo causa tolerância e dependência. É muito usado por uma população de baixa renda, cuja condição física precária agrava ainda mais os efeitos da droga.

A *merla* é a pasta básica de folhas de coca antes do refino. É fumada numa mistura com cigarro comum ou com maconha. É mais barata que a cocaína.

Por que tantas formas de uso: fumada, aspirada e injetada?

Pensando aqui comigo, fico achando que a cocaína tenta satisfazer o ser humano de muitas maneiras, oferecendo muitas vias de introdução no corpo, muitas variações de preço e até uma variação de efeitos.

Parece que a cocaína quer mesmo entrar no corpo, na alma e na vida das pessoas.

Você permitiria isso? Claro que todos os que vão usar cocaína pensam só nos seus efeitos. Querem a euforia, o bem-estar, o uso acelerado do corpo. Será que eles usam do conhecimento sobre a droga para pensar o que estão fazendo consigo mesmos?

Você conhece a história da aranha viúva-negra? O macho fecunda a fêmea e em seguida é morto por ela, depois de uma belíssima dança nupcial. É de uma história assim que estamos falando. Há o prazer, mas o preço pode ser muito alto. É claro que não precisa ser morte concreta; estamos falando de símbolos.

A exigência do uso pode se tornar tão insistente que a pessoa não respeita mais nenhum limite e chega à *overdose*.

Você saberia classificar que tipo de droga é a cocaína? Depressora, estimulante ou perturbadora?

Não conseguiu classificar? Pense nos efeitos: euforia rápida e intensa, indiferença à dor e ao cansaço, diminuição da fome, da excitação e da insônia.

Isso mesmo, é uma droga estimulante do sistema nervoso. Agora você pode entender melhor a conversa dos traficantes no início do capítulo. É a vida agitada das grandes cidades, é a competição, é o desespero, a fome, que podem levar as pessoas ao consumo de cocaína.

## Um pouco mais de história

Os antigos índios do Peru acreditavam que a coca era um presente dos deuses e usavam a planta em cerimônias religiosas.

No século XVI, na mesma época em que outras substâncias psicoativas, como o café, o chá e o tabaco, começaram a ser consumidas, as folhas de coca foram levadas para a Europa, mas não foram bem aceitas.

Em 1862, pela primeira vez extraiu-se um alcaloide da coca, que se denominou "cocaína". Muitas pesquisas então foram feitas para se verificar a aplicação da droga na medicina.

Freud (criador da psicanálise), falecido em 1939, interessou-se em fazer pesquisas e usou a cocaína como anestésico e como remédio para combater o vício da morfina. Até que um grande amigo seu morreu pelo uso da droga.

Na Segunda Guerra, sob o efeito da cocaína, soldados feridos mantinham-se lutando.

Posteriormente, foi usada como bebida. Fazia parte da composição da Coca-Cola e da goma de mascar.

Parece estranho mas é verdade que a cocaína fazia parte da fórmula da Coca-Cola. Quando se constataram seus efeitos estimulantes, foi retirada da fórmula.

Paralelamente, o ser humano passou a consumir a cocaína procurando novas sensações e precisando ampliar e até desrespeitar seus limites.

Um anúncio do final do século XIX recomenda Coca-Bola, uma goma de mascar que continha cocaína, indicada no tratamento dos vícios do fumo, álcool e ópio.
Em Chris-Ellyn Johanson. *Tudo sobre drogas*. São Paulo. Nova Cultural, 1988.

Bettmann/Corbis/Stock Photos

Em 1888, a Coca-Cola, que então continha cocaína, era anunciada como "a bebida que acaba com a exaustão".

Na experiência da vida, o que se vê é que as pessoas perdem a condição de avaliar suas sensações e aí exageram nas doses e muitas vezes têm *overdoses* ou morrem.

A *overdose* pode acontecer com qualquer pessoa; inclusive pode acontecer num período de experimentação da droga.

## Outra forma de uso

E quando a pessoa mistura cocaína com álcool? A intenção de quem faz isso é prolongar o efeito da cocaína, mas a mensagem que o sistema nervoso recebe é muito confusa.

Pense comigo:

Você acabou de classificar a cocaína como estimulante. O álcool é um depressor.

E aí, como fica?

Para você ter uma ideia das alterações de que estamos falando, olhe o desenho abaixo.

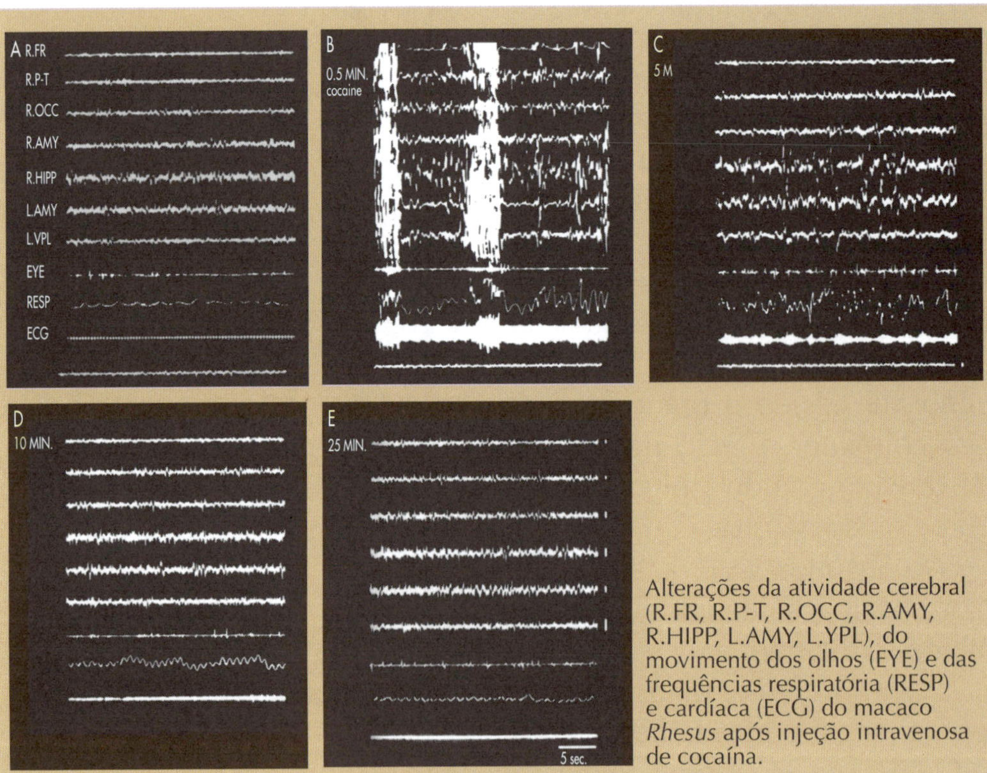


Alterações da atividade cerebral (R.FR, R.P-T, R.OCC, R.AMY, R.HIPP, L.AMY, L.YPL), do movimento dos olhos (EYE) e das frequências respiratória (RESP) e cardíaca (ECG) do macaco *Rhesus* após injeção intravenosa de cocaína.

Em Chris-Ellyn Johanson. *Tudo sobre drogas*. São Paulo. Nova Cultural, 1988.

Você pensa que o álcool é uma droga "leve" e a cocaína, "pesada"?

Você já sabe que as duas causam dependência, então por que esta distinção?

As drogas são "pesadas" quando pesam na vida das pessoas e desse ponto de vista todas podem ser leves ou pesadas. A grande distinção entre álcool e cocaína é a questão da ilegalidade da cocaína.

O grande problema é o desejo do ser humano de se superar, de se desrespeitar, de ser "super-homem".

# 3. Anorexígenos

*Cláudia tem 17 anos, é uma menina bonita, inteligente e muito simpática. É estudiosa, tem um namorado, o Ricardo, e muitos amigos. Mas mesmo com todas essas qualidades, ela sente que lhe falta alguma coisa, que não sabe muito bem o que é.*

*Algumas vezes Cláudia não gosta de seu cabelo, outras vezes se acha maravilhosa e quer ser artista. Ela se encontra numa fase muito instável e sofre muita influência do meio externo. O peso do grupo que a cerca é muito grande e assim ela dá ouvidos aos comentários de suas amigas. Algumas dizem que ela tem um supercorpinho, outras dizem que ela deve mudar a cor do cabelo, ou que com cabelo curto ela ficaria mais bonita.*

*Influenciada por algumas amigas, que a incentivavam a ser manequim, Cláudia foi fazer um* book *fotográfico.*

*Essa imagem de ser modelo, de se tornar famosa e ressaltar sua beleza agradou Cláudia. Mas, apesar de ter um corpo bonito e elegante, foi classificada pelos fotógrafos de "gordinha".*

Cláudia saiu do estúdio um pouco chateada com a atitude dos fotógrafos. Sugeriram a ela que fizesse um sério regime e depois voltasse para tirar as fotos. Ela não é do tipo de menina que se interessa por muitas atividades esportivas. Deixar de comer doces e guloseimas seria uma verdadeira tortura.

## Qual seria a saída para Cláudia?

Primeiro ela pensou em desistir das fotos. Depois, lembrou-se de uma amiga que tinha feito regime, tomando alguns comprimidos para perder o apetite. Então decidiu procurar a amiga para se informar do tal remédio.

Tomar um medicamento que bloqueie o apetite, sem a ajuda de um médico, não tem consequências? Será que vale a pena?

Vamos conhecer um pouco mais sobre essas drogas presentes nos remédios para perder o apetite. Essas substâncias moderadoras de apetite são chamadas *anorexígenos* ou *remédios para emagrecer*. As *anfetaminas* são os anorexígenos mais conhecidos. São drogas sintéticas, isto é, produzidas em laboratório. Diminuem a fome, o sono, e as pessoas se sentem carregadas de energia. É, portanto, uma droga estimulante do sistema nervoso central. É uma droga que amplia os limites do nosso organismo, permitindo que ele funcione acima de sua capacidade normal. Essa droga é metabolizada pelo fígado e eliminada pela urina, já como uma substância inativa.

Mas não é uma droga usada só para emagrecer. É utilizada por pessoas que querem permanecer em atividade durante muito tempo, "acesas", ou "ligadas", sem contudo se sentirem cansadas. Alguns motoristas que trabalham à noite fazem uso dessa droga para vararem a noite acordados. Eles chamam essa droga de rebite. Sabe por quê? Porque rebite é uma peça de metal usada para fixar ou pregar dois pedaços de metal ou de madeira. Usando essa droga, eles ficam como "pregados" no banco do caminhão para poder dirigir horas a fio.

Atletas também já foram eliminados de competições por fazer uso de anfetaminas. Quando atletas são submetidos a testes antidoping, é possível detectar a presença dessa substância em exame de urina.

## Qual é o problema?

Horas mais tarde, quando a droga for eliminada do organismo, surgirá uma intensa fadiga, tão grande e incontrolável quanto o efeito estimulante. Então as pessoas que fazem regime, os atletas, os caminhoneiros caem dormindo. Para controlar essa situação, fazem uso de mais uma dose. E aí, como fica a pessoa?

Veja como as anfetaminas agem em nosso organismo: atuam sobre o cérebro e sobre outros órgãos. É comum a pessoa apresentar pupila dilatada, aumento dos batimentos cardíacos e aumento da pressão sanguínea.

Outro grande problema é o fenômeno da tolerância. É que, com o uso continuado, as mesmas doses causam cada vez menos efeito. Com isso as pessoas necessitam de doses cada vez maiores para obter o mesmo efeito.

Será que agora podemos ajudar Cláudia a tomar uma decisão?

Não foram apenas as amigas que influenciaram Cláudia. Os modelos usados na mídia ajudaram a criar uma imagem, como se todas as meninas dessa idade saíssem de uma mesma forma, usando os mesmos tipos de roupa.

Por outro lado, é a mesma mídia que estimula o consumo de guloseimas, que cria hábitos cada vez mais difíceis para manter uma alimentação saudável, sem acumular gordurinhas desnecessárias.

Além disso, existem as características genéticas de cada um. Que complicado! Tanta apelação de consumo na alimentação e uma imagem de garota esquelética.

## Você já pensou um pouco sobre essas questões?

Vamos começar com um exemplo simples. Num inverno compramos sapatos de bico fino e achamos lindo. É claro que no próximo inverno os sapatos em moda serão os de bico quadrado, e nós acharemos esquisitos os de bico fino.

Nos anos 1960, os jovens usavam calças de boca larga. Depois isso ficou totalmente fora de moda. Hoje voltaram as calças de boca larga com o nome de "pata de elefante".

Peça para sua mãe os álbuns de fotografia da família e examine um pouco essa questão da moda. Veja também na produção artística como é representada a beleza.

Agora, olhe à sua volta e veja seus amigos. Todos são loiros de olhos azuis? Todos são altos?

Você não tem aquela amiga que é baixinha, bem distribuída, cheinha e linda? Não tem também aquela que é obesa?

## E a Cláudia, como fica?

Para os fotógrafos, ela está "gordinha" e precisa perder peso para que as roupas fiquem da maneira idealizada por eles. Se ela quiser seguir a carreira de modelo, vai ter de dar um jeito. Vai precisar de uma orientação alimentar adequada para seu metabolismo, fazer mais atividades físicas. Então, vai ter de procurar um especialista.

Se ela está insatisfeita com seu corpo e foi procurar os fotógrafos só para ser "autorizada" a fazer regime, o problema é muito diferente. Ela vai ter de trabalhar essa insegurança e ver por que não pode se aceitar como é.

Será que Cláudia já ouviu falar em autoestima? E você, sabe o que é isso? Então está na hora de pensar.

# III- Drogas depressoras

# 1. Álcool

**Tempo de discoteca**

*Hoje é sábado. Cláudia e Ricardo vão sair juntos. Marcaram um encontro numa discoteca. O pai de Cláudia vai levá-la. Para a volta, ele lhe dá dinheiro para pegar um táxi.*

*Quando Cláudia chegou à discoteca, Ricardo já esperava por ela: "— Vamos entrar. Eu já pedi alguma coisa para nós: uma cerveja para mim e uma cerveja para você. Ah, cerveja não, você gosta mais de vinho, não é?".*

*A noite está ótima. Quase todo o tempo eles estão na pista de dança, pulando e brincando. Com isso eles sentem muita sede. A cada pausa, quando voltam para a mesa, Cláudia tem a impressão de que sempre tem um novo copo diante de Ricardo. Ela mesma não sabe exatamente quantos copos de vinho já tomou nesse entretempo.*

*Agora é hora de voltar para casa. A conta é assustadora, mas Cláudia e Ricardo sentem-se bem.*

Nota fiscal da discoteca:

| 8 copos de cerveja<br>R$ 24,00<br>4 copos de vinho branco<br>R$ 20,00 |
|---|

Para nós, neste momento, não interessa o quanto eles gastaram, e sim a quantidade de álcool que eles consumiram.

Você já ouviu falar em bafômetro? É aquele aparelho que a polícia rodoviária usa para verificar se o motorista bebeu e se pode continuar dirigindo ou não.

## Vamos nos transformar num bafômetro?

Assim teremos a concentração de álcool no sangue de Cláudia e de Ricardo.

Peso de Cláudia = 58 kg.

Peso de Ricardo = 75 kg.

Ele bebeu 8 copos de cerveja de 200 mL (1600 mL).

A cerveja tem em média 5% de álcool.

a) Quantidade de álcool em gramas

$$\frac{\text{volume da bebida} \times \text{\% vol.} \times 0{,}8}{100}$$

0,8 = fator de transformação para álcool puro (etanol).

Então, teremos:

$$\frac{1600 \times 5 \times 0{,}8}{100} = 64 \text{ g}$$

Com esses dados, percebemos que Ricardo ingeriu 64 g de álcool.

b) Concentração de álcool no sangue por mil (‰) =

$$\frac{\text{quantidade de álcool em gramas}}{\text{peso corporal em kg}} \times K$$

K= fator de correção.

Nos homens: 0,7

Nas mulheres: 0,6

Então, a concentração de álcool no sangue de Ricardo é:

$$\frac{64}{75} \times 0{,}7 = 0{,}5973\ ‰.$$

Você pode calcular agora a concentração de álcool no sangue de Cláudia.

Quando o jovem ingere de 5 g a 8 g de álcool por kg de peso corporal, pode ser letal.

Outras bebidas, como conhaque, uísque, pinga, têm em média de 40% a 50% de álcool. Um copo de pinga de 200 mL tem 80 g de álcool.

| **Bebida** | Cerveja | Vinho | Champanhe | Licor | Aguardente |
|---|---|---|---|---|---|
| Volume $cm^3$ | 400 | 125 | 100 | 25 | 20 |
| % Volume | 5 | 9 | 10 | 35 | 45 |
| Álcool (g) | 8 | 9 | 8 | 7 | 7,2 |

Veja quantos gramas de álcool tem em média determinada dose de bebida.

Uma dose de bebida contém em média 8 g de álcool.

Você já pensou quantos acidentes de trânsito acontecem porque as pessoas não se dão conta de que beberam mais do que deviam?

| **Conheça os efeitos do álcool** | | | | | | | |
|---|---|---|---|---|---|---|---|
| Quantidade de álcool por litro de sangue | 0,2 a 0,3 g/l | 0,3 a 0,5 g/l | 0,51 a 0,8 g/l | 0,8 a 1,5 g/l | 1,5 a 2,0 g/l | 2,0 a 5,0 g/l | 5,0 g/l |
| Efeitos | As funções mentais começam a ficar comprometidas. A percepção da distância e da velocidade são prejudicadas | O grau de vigilância diminui, assim como o campo visual. O controle cerebral relaxa, dando sensação de calma e de satisfação | Reflexos retardados, dificuldades de adaptação da visão a diferenças de luminosidade, superestimação das possibilidades e minimização de riscos e tendência à agressividade | Dificuldades de controlar automóveis, incapacidade de concentração e falhas na coordenação neuromuscular | Embriaguez, torpor alcoólico, dupla visão | Embriaguez profunda | Coma alcoólico |
| Equivalência | Um copo de cerveja, um cálice pequeno de vinho, uma dose de uísque ou outra bebida destilada | Dois copos de cerveja, um cálice grande de vinho, duas doses de bebidas destiladas | Três ou quatro copos de cerveja, três copos de vinho, três doses de uísque | A partir de 0,8g/l as quantidades são muito grandes e variam de acordo com o metabolismo, com o grau de absorção e com as funções hepáticas de cada indivíduo | | | |

Fonte: http://www.alcoolismo.com.br/efeitos.html

## Você sabe como o álcool age?

O álcool age como uma droga depressora do sistema nervoso central. Mas, então, por que Cláudia e Ricardo beberam para ficar mais animados? Na verdade o álcool atua em duas fases. Na primeira fase, deprime o comportamento voluntário. A pessoa fica mais solta, menos inibida, menos crítica e com menor controle sobre sua censura. Já na segunda fase, conforme a dose aumenta, surgem problemas de coordenação motora e um pouco de tontura. O usuário vai se tornando inconveniente, culminando com um sono profundo, que pode levar à morte em alguns casos.

Sob a ação do álcool, as reações das pessoas podem ser diferentes.

## Sabe por que isso acontece?

Porque diante do uso da mesma droga e até da mesma quantidade, as pessoas são diferentes. Além disso, a mesma pessoa pode ter reações variadas dessa ação dependendo do humor em que ela se encontra. Por exemplo: se Cláudia estiver deprimida, o álcool pode deixá-la com vontade de chorar, mas se ela estiver feliz, pode ter vontade de cantar.

O álcool é uma droga permitida, lícita, mas não liberada. Existem regras para o consumo e para a venda de álcool. No Brasil, é proibido vender bebidas alcoólicas para menores de 18 anos. Mas é importante que haja fiscalização e apoio da sociedade, pois o álcool é uma droga que causa dependência física e psíquica. Se liberada para o consumo, pode criar situações perigosas.

É muito difícil definir quanto você pode beber. Mas é importante lembrar que a quantidade de álcool ingerida não deve passar da primeira fase de ação no sistema nervoso.

Então, é você quem tem de cuidar disso. Estar informado sobre o álcool e seus efeitos é importante, mas não livra você de um envolvimento com a bebida.

A família pode ter um papel importante na prevenção do uso de bebida alcoólica. Existem rituais em relação ao ato de beber que acontecem moderadamente, em momentos de fraternidade, de alegria, de relaxamento.

O álcool também está presente na maioria das ocasiões sociais. É com frequência que as pessoas oferecem álcool como uma forma de descontração, de relacionamento. Mas até que ponto não se pode estar criando um problema para algumas pessoas que não conhecem seus limites para a bebida? Muitos dizem que só "bebem socialmente", mas saem carregados pelos amigos. Você já pensou o que é beber socialmente? Que limites diferenciam um jovem que bebe moderadamente daquele que tem, em cada festinha, um uso abusivo e chega com frequência de "porre" em casa?

Alguns jovens começam a usar

bebida alcoólica muito cedo, no início da adolescência, entre amigos, somente pelo prazer de experimentar, de transgredir regras ou de estar participando das atividades do grupo. Você não precisa beber se não quiser, se não gostar. Lembre-se: você tem o poder de decidir. Você tem a liberdade de escolher entre beber um copo de suco e um copo de cerveja. Lembre-se: você deve refletir para exercer sua liberdade de escolha.

O uso moderado do álcool não deve causar problemas, a não ser em pessoas que já apresentem um quadro clínico com problemas no fígado ou com úlceras no estômago.

O uso regular, ainda que em pequenas doses, leva ao desenvolvimento da tolerância. E o uso crônico leva ao alcoolismo.

A hepatite alcoólica e a cirrose hepática são doenças graves porque causam a destruição das células do fígado, com prejuízo de sua função.

Acredita-se que o efeito do álcool nos adolescentes seja especial. Os jovens apresentam um peso geralmente menor, pouca tolerância psicológica e estão mais suscetíveis ao *stress* que os adultos. Por isso, sob o efeito do álcool, apresentam uma redução de julgamento de distância, de velocidade ou de soluções emergenciais. Superestimam a autoconfiança, arriscando-se com facilidade. Apresentam ainda reflexos lentos, concentração ausente e sonolência excessiva.

## 2. Calmantes e Tranquilizantes

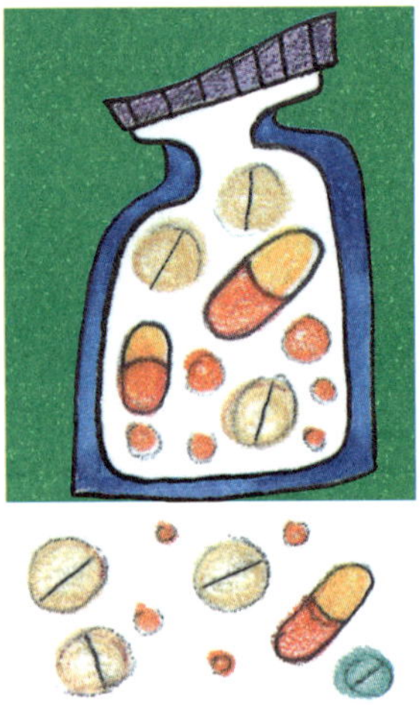

*Paulinho era filho único e se dava muito bem com seu pai. Com a morte do pai num acidente de carro, Paulinho ficou muito abalado. Na escola, passou de um bom aluno para um aluno relapso, desconcentrado. Em casa, vivia pelos cantos. Não tinha mais vontade de sair e se divertir.*

*Quando a namorada lhe deu um fora, a situação piorou. Foi como se o mundo tivesse desmoronado. Ele não encontrava mais o chão para pisar.*

*Com a ajuda da mãe, recorreu a um especialista, que lhe receitou um calmante. Paulinho precisava encontrar forças para voltar à vida normal.*

### Como é que o calmante vai ajudar Paulinho?

Existem vários medicamentos capazes de diminuir a atividade de nosso cérebro. Esses medicamentos agem como depressores do sistema nervoso. "Acalmam".

Alguns calmantes ou sedativos diminuem a dor física. São os *analgésicos*, que você usa para aliviar uma dor de cabeça, uma forte dor de dentes ou a dor de um osso quebrado.

Outros são utilizados para afastar a insônia. São os *hipnóticos* ou *soníferos*. Se Paulinho não estivesse dormindo, pode ser que seu médico lhe receitasse um sonífero.

Outros ainda controlam a ansiedade, que é tão comum no mundo agitado em que vivemos. São os *ansiolíticos*.

Existe um grupo mais moderno de medicamentos utilizado para controlar a ansiedade, conhecido como *tranquilizantes*. Produzidos em laboratório a partir da década de 1960, são capazes de combater a tensão e a ansiedade.

Apesar da simplicidade em dizer: se tem dor, tome analgésico; se tem insônia, tome sonífero, é preciso lembrar de que esses medicamentos atuam no sistema nervoso central e não podem ser usados desavisadamente. Devem ser receitados por um médico. Hoje, no mercado, existem muitos ansiolíticos. Esses medicamentos, aconselhados por um médico, podem aliviar a dor, oferecendo ajuda, que é limitada e deve ser temporária.

Às vezes nossa vida pode se transformar num verdadeiro sofrimento. Na verdade, são acontecimentos que fazem parte da vida, mas nem sempre estamos preparados. A morte súbita de um amigo querido, a separação dos pais, a perda do emprego ou ainda acontecimentos que podem nos deixar totalmente transtornados, como, por exemplo, ter conhecimento de que temos uma doença incurável, são situações dramáticas, que em alguns casos tiram até a vontade de viver.

Aqui temos um exemplo de medicamento para esse fim. Veja as informações ao paciente. O sr. José está tomando D., que pertence a um grupo de medicamentos que apresenta os benzodiazepínicos, que constituem o principal grupo dos ansiolíticos. A bula diz: "É capaz de aliviar a ansiedade e a tensão nervosa e, em consequência, facilitar o sono. Além disso, produz relaxamento muscular. Sua ação se dá cerca de 20 minutos após a administração. O medicamento, porém, não elimina as causas da ansiedade e da tensão nervosa".

Mas, se você pode necessitar desses *remédios,* por que estamos discutindo isto neste livro?

O fato é que outros "Paulinhos" não suportam suas próprias dores psíquicas e se automedicam. Ou ainda usam desmedidamente esses *remédios* para obter outros efeitos.

Na verdade esses medicamentos agem de modo a transformar um desespero incontrolável numa tristeza suportável. Dessa maneira a pessoa vai ganhando tempo para se reerguer, podendo esperar a noite chegar sem sentir um vazio.

Mas existem cuidados importantes:

• os ansiolíticos não podem estar associados ao álcool, pois a mistura ansiolítico e álcool pode levar a pessoa ao estado de coma;

• essas drogas prejudicam também as funções psicomotoras. Assim, uma corriqueira atividade, como dirigir carro, pode ser um risco;

• depois do uso prolongado, por alguns meses, de um ansiolítico, desenvolve-se uma tolerância, o que pode levar a pessoa a um estado de dependência.

Os benzodiazepínicos são controlados pelo Ministério da Saúde. Só podem ser vendidos com receita médica; as receitas ficam retidas na farmácia para posterior controle.

## 3. Opiáceos ou Narcóticos

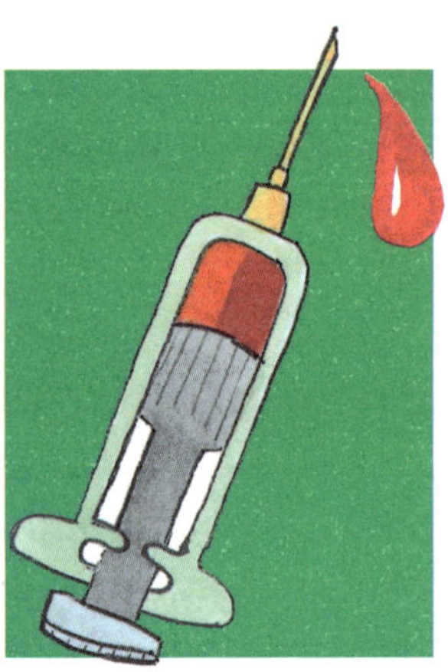

*Você sabe como os gregos antigos explicavam os sonhos?*

*Na mitologia grega, Hipnos era o deus do sono. Seu filho, Morfeu, era o deus do sonho.*

*Conta a mitologia que Hipnos, percorrendo o mundo, tocava os mortais com uma papoula para adormecê-los. Em seguida, entrava Morfeu fazendo a representação de formas humanas para quem dormia. Os sonhos eram as aparições de Morfeu.*

*Repare no pormenor da ação de Hipnos: tocava com uma papoula. Por quê?*

Os gregos já conheciam um suco leitoso, extraído da papoula, a que chamavam *ópio*. Conheciam também os efeitos do ópio: provocava sono.

O nome científico da papoula registra esse efeito. É *Papaver somniferum*. Este nome latino significa: que dá sono.

Secando o suco leitoso da papoula, obtém-se o pó de ópio. Dele se extrai a *morfina* (de Morfeu, deus dos sonhos).

A morfina é uma droga depressora do sistema nervoso central, isto é, faz o cérebro funcionar devagar. Produz analgesia, ausência de dor, e hipnose, aumentando o sono (deus Hipnos). Por possuir essas duas características, é chamada *narcótico*.

*Veja que interessante: nem todas as drogas são narcóticas, como se costumava dizer alguns anos atrás. Até hoje se vê esse termo empregado erroneamente.*

A morfina tem indicações médicas — é um potente analgésico usado para aliviar dores de pessoas em situações de doenças graves ou mesmo em acidentes. Causa dependência física e psíquica.

Outra substância contida no ópio é a *codeína*, muito conhecida pelo uso em medicamentos para controlar a tosse e em medicamentos para problemas intestinais.

Quando a codeína é usada em doses maiores que as recomendadas pelos médicos, ela deprime outras regiões do cérebro, como as que controlam a respiração, os batimentos cardíacos e a pressão do sangue. Quem abusa dessa droga procura um estado de torpor e de negação da realidade e muitas vezes encontra Hipnos definitivamente — morre.

A *heroína* é uma substância semissintética (ou seminatural), obtida por uma pequena modificação química na fórmula da morfina.

É uma droga muito cara, que causa tolerância rápida e muita dependência física e psíquica. Tudo nela parece ser muito. Ela se propõe a oferecer muito prazer. Produz, muito rapidamente, muitos estragos nas vidas das pessoas. Não apresenta nenhum uso médico. O grupo de heroinômacos é em grande escala contaminado pelo HIV (vírus da Aids). É um grupo de difícil acesso aos médicos e aos programas preventivos.

A heroína é preferencialmente usada via endovenosa (injetada na veia); por causa de todos esses muitos de que falamos, rapidamente leva as pessoas a viverem suas vidas em torno dela. Por ela roubam, matam, contaminam-se usando seringas comuns e morrem.

Podemos comparar a heroína a uma sereia que se apresenta como uma mulher linda, que tem um canto maravilhoso, mas que leva a pessoa para o fundo do mar.

Todas essas drogas são chamadas *opiáceas* ou *opiáceos* (oriundas do ópio).

Algumas são naturais, quando não sofrem nenhuma modificação química, como a morfina e a codeína.

Outras são semissintéticas, quando sofrem modificações parciais, como a heroína.

Há ainda as sintéticas, fabricadas em laboratório. São chamadas *opioides* (semelhantes aos opiáceos), como a meperidina e o propoxifeno.

A meperidina e o propoxifeno são analgésicos potentes que têm uso médico.

Certa vez, numa viagem à Suécia, visitei uma praça pública, onde era permitido o uso de drogas. A praça era um lugar arborizado e cuidado, como tudo na Suécia. Ao redor da praça, policiais estavam de guarda. Dentro dela se podia usar drogas, mas fora não. As cenas eram muito fortes. Os grupos mais impressionantes eram os de usuários de drogas injetáveis. Muitos tinham os braços e as pernas perfuradas e picadas. Desesperavam-se para tentar colocar no corpo aquele produto que lhes acalmasse um pouco a mente.

É uma cena muito triste. São pessoas que precisam de muita ajuda para voltar a ser pessoas—seres humanos.

## 4. Inalantes ou Solventes

*Os animais se cheiram quando se aproximam. É dessa forma que eles se reconhecem.*

*Os seres humanos também usam o olfato como uma forma de comunicação e de contato com o mundo.*

*Os odores que reconhecemos são para nós bem característicos: os bebês têm cheiro de bebê, assim como as mulheres têm cheiros diferentes dos cheiros dos homens.*

*E o cheirinho da loló, você já ouviu falar?*

Colocado assim parece que estamos falando daquele travesseirinho ou daquele bichinho de pelúcia que a gente já arrastou pela casa. Ou ainda daquela fralda que a mãe coloca ao lado do bebê quando ele dorme.

Você já deve ter visto em noticiários na TV, nas revistas e nos jornais, ou mesmo caminhando pelas ruas no centro de grandes cidades, crianças que cheiram esmalte ou cola. Pois é: o cheirinho da loló é o de uma droga inalante que, quando aspirada, provoca sensações de torpor, de entusiasmo, de alegria.

Solvente é uma substância capaz de dissolver outras substâncias. É altamente volátil, isto é, evapora-se com facilidade, sendo por isso facilmente inalado.

Em produtos como tintas, removedores, tíner, corretivos, usa-se um solvente altamente volátil, que evapora com rapidez e pode ser facilmente inalado.

Muitos jovens, de diferentes classes sociais, usam esses produtos. Parece uma atitude qualquer e muitas vezes são explicadas de forma simplista:

— Ah! É para curtir uma...

— É para não sentir a dor da fome.

Ou, ainda:

— Eles só querem alguns momentos de euforia.

— Só para ter um barato.

Você conhece o preço desse barato?

Para o bolso pode ser mesmo muito barato, mas, para o cérebro e para o corpo, é muito caro. Os solventes inalados com frequência podem levar a lesões da medula óssea, dos rins, do fígado e dos nervos periféricos, que controlam nossos músculos, ou ainda à destruição de neurônios, com lesões irreversíveis do cérebro.

Até o final da década de 1950 era comum o uso de lança-perfume nas festas de carnaval. Quando aspirado, o éter contido no lança-perfume, além do geladinho, provocava uma sensação rápida de euforia. Parecia até uma forma de diversão, mas quando se verificou que alguns permaneciam abusando do uso e se comprometiam com isso, houve a proibição.

Veja só, de novo a nossa questão: a droga e a pessoa. É o constante mau uso que o ser humano faz da droga ou de seu próprio corpo que vai prejudicá-lo.

E você, qual cheiro tem procurado na vida?

O cheiro da verdade, do conhecimento, do cuidado consigo mesmo ou o cheiro do engano?

Será que a saúde tem cheiro?

E a doença?

A vida, às vezes, tem cheiros doces e às vezes tem cheiros amargos, mas precisamos do nosso "olfato" para senti-los.

Nos velórios, as flores cheiram à tristeza; nas festas, cheiram à alegria.

# IV- Drogas perturbadoras

# 1. MACONHA

*Cláudia encontrou-se com sua amiga Maria para juntas fazerem um trabalho em grupo na casa de Joana.*

*Maria estava agitada, tinha uma novidade para contar.*

*Chegando à casa de Joana, Maria tirou do bolso da mochila uma caixinha preta de negativo de filme fotográfico que recebera de um amigo e foi logo dizendo que queria "apresentar" uma coisa. Joana ficou curiosa. Olhou e viu um capim escuro. Aproximou-se e sentiu um cheiro adocicado.*

*Maria começou a "apresentar":*

*— É maconha. Meu amigo me deu e disse que não faz mal porque é natural. Ele disse que a gente fuma e fica alegre. Disse ainda que faz menos mal que o cigarro comum.*

## Você já ouviu essa conversa?

**S**erá que é verdade o que Maria está dizendo? Vamos pensar juntos.

A maconha é mesmo natural, pois é uma planta. Maria está certa. Mas dizer que porque é planta e é natural não faz mal é pelo menos falta de informação.

Você já ouviu falar de uma planta chamada comigo-ninguém-pode? É uma planta que, se for ingerida, mata. Por outro lado, a alface também é uma planta e a usamos como alimento.

Então, preste atenção: cada planta tem seu lugar e sua função.

A planta da maconha produz uma substância chamada THC (tetrahidrocanabinol), que é responsável pelos efeitos provocados pela maconha em nosso organismo.

Stone

Arbusto de maconha, do qual também se extrai o haxixe.

Cada planta de maconha, dependendo das condições do solo, do clima, tem certa quantidade de THC, que para cada pessoa causa uma reação diferente. A maconha é uma droga psicoativa, isto é, ela age no sistema nervoso central e tem ação perturbadora.

Lembra daquele quadrinho?

Aqui no Brasil, o uso da maconha é proibido por lei. Portanto, é uma droga ilícita.

Agora, releia o capítulo sobre fumo. Você acha que dá para comparar?

Como você viu, são duas drogas com funções completamente diferentes. Não há nada para comparar e ficar dizendo que esta ou aquela é melhor ou faz menos mal.

Joana e Cláudia não aceitaram fumar. Maria fumou. Ficou assustada, porque o coração começou a bater forte. Mais tarde os olhos ficaram vermelhos e a boca ficou seca. Foi atravessar o quarto e tropeçou no criado-mudo. Logo em seguida, sentiu uma sensação de fome.

É isso mesmo, há efeitos.

Os efeitos podem ser:

**FÍSICOS**

- olhos vermelhos
- boca seca
- coração disparado
- alteração da percepção de distância
- fome ou "larica"

**PSÍQUICOS**

- sensação de calma
- relaxamento
- sensação de angústia
- medo de perder o controle

Alguns desses efeitos aparecem logo depois do consumo e outros só aparecem quando se usa por semanas ou meses.

Sempre temos de considerar:

- a quantidade usada,
- a pessoa que está usando,
- a qualidade da maconha.

Mas ainda há alguns efeitos que são importantes você saber. A memória, a atenção, a percepção do tempo e do espaço físico ficam prejudicadas.

Por exemplo:

— uma amiga fala um número de telefone, você vai escrever e já esqueceu;

— você fica ouvindo música, pensa que já se passaram duas horas e, quando vai ver, passaram-se apenas cinco minutos;

— você vai ler uma revista e não consegue se concentrar para ler um parágrafo;

— você vai atravessar o quarto, pensa que o criado-mudo está a meio metro de distância e, quando se dá conta, tropeça nele. Esse é o efeito que provoca acidentes de carro.

Outra alteração importante é na redução dos níveis de testosterona.

Testosterona é o hormônio masculino responsável pela voz grossa do homem, pela barba, pela maior massa muscular e pela maturação dos espermatozoides.

Durante o tempo de uso da maconha, os homens podem apresentar oligospermia, isto é, um número reduzido de espermatozoides.

Agora, também é importante que você saiba:

— a maconha não produz impotência sexual ou perda do desejo. Às vezes as pessoas ficam tão interessadas no uso da droga que a "vida sexual" se reduz a isso;

— a maconha não é porta de entrada para outras drogas. Muitas pessoas que usam cocaína ou álcool começam a usar maconha, mas muita gente que usa maconha não usa outras drogas.

Podemos conversar com Maria e dizer que ela não precisa ser uma maria vai com as outras e fazer uma experiência sem saber onde está pisando.

Os usos medicinais da maconha também existem. Ela pode ser usada por pessoas que têm câncer e sentem enjoos com a quimioterapia. A função dela seria a de reduzir esses enjoos.

O uso comercial da maconha já é encontrado nas nossas lojas de tênis. São os tênis de *hemp*, uma fibra forte, que já foi usada para confecção de cordas e lonas.

Não é muito interessante? Dependendo do uso que se faz, ela será de utilidade ou não.

## 2. Cogumelos e Outras Plantas Alucinógenas

*No fundo do quintal da minha avó, havia um viveiro de plantas. Para encontrá-la, bastava chegar ao viveiro. Todas as tardes ela cuidava de suas plantas. Aguava-as, tirava o mato delas e até conversava com elas. Quando a gente se aproximava, minha avó costumava contar o que sabia sobre suas queridas plantas. Lembro-me de uma, chamada comigo-ninguém-pode, que ficava mais no alto do caramanchão, para que as crianças e o cachorro não tivessem acesso. "— Essa planta, meus queridos, é tão robusta, tem uma folhagem tão bonita, mas tomem cuidado que ela é venenosa." Lembro ainda de uma outra: erva-cidreira, que estava plantada bem no chão, num local fácil para cortar suas folhas. "— Essa outra tem um cheirinho muito agradável, e com ela se faz um chá delicioso, que deixa a gente calminha, calminha."*

Acredito que minha avó não tivesse nenhum conhecimento sobre drogas, mas algumas dessas plantas, descobertas pelos seres humanos no passado, provocavam efeitos físicos ou psicológicos, agradáveis ou não, que faziam parte da vida deles.

As que provocam alucinações são conhecidas como plantas *alucinógenas*. Assim, até hoje existem culturas de vários países que usam plantas que consideram divinas pelos efeitos que provocam. Muitas têm ainda um significado religioso.

Um grande número de drogas alucinógenas vem da natureza, os alucinógenos naturais, especialmente no Brasil, que tem uma flora tão rica, com tamanha diversidade.

Existe no México um cogumelo (*Psylocybe mexicana*) usado por nativos, do qual se extrai uma substância com poderosa ação alucinógena. Essa substância é usada por pajés em cerimônias religiosas há séculos. No Brasil, ocorrem outras espécies desse fungo, que também provocam efeitos semelhantes.

Uma outra cerimônia religiosa bastante difundida no Brasil é o ritual do Santo Daime, nome que se originou da ladainha cantada nas cerimônias: "Santo, dai-me paz". A bebida Ayahuasca, nome usado pelos índios do Peru, quer dizer "vinho da vida". É um líquido amargo, preparado pela mistura de duas plantas: o cipó de caapi e as folhas de chacrona.

Os fiéis cantam, dançam e bebem o chá durante horas. Apresentam alucinações, que se manifestam sob a forma de visões, chamadas "mirações". Esse chá provoca ainda efeitos físicos, como irritação da mucosa do estômago e inflamação do fígado.

É importante ressaltar que, como quase todas as substâncias alucinógenas, a Ayahuasca não desenvolve tolerância e não cria dependência, e que os efeitos alucinógenos dependem das condições de personalidade e da sensibilidade de cada um. Dependem ainda do efeito que o ambiente, por meio de danças, cantos e orientação dos guias espirituais, pode provocar no indivíduo.

Outra planta brasileira destinada a efeitos alucinógenos é a *Mimosa hostilis*, da qual se extrai o vinho Jurema, bebida usada pelos índios.

Mas voltando às plantas da minha avó, a erva-cidreira, que ela classificava como uma planta cujo chá apresenta um efeito calmante, não possui nenhuma substância que possa provocar tal efeito. Talvez o fato de cultivar a planta, o ritual de preparar o chá seja, por si só, o responsável por acalmar.

Veja você: um bom chazinho com muito carinho e muita atenção também tem efeito poderoso.

Isso dá o que pensar. Afinal, o que será que as pessoas precisam e o que pensam que vão encontrar nas drogas?

# 3. LSD

*Lembra daquela avó que colhia erva-cidreira para o chá calmante?*

*Lembra dos cogumelos alucinógenos? E do chá dos índios?*

*Interessante esta questão de a natureza "oferecer" plantas que provocam modificações no humor e na percepção dos seres humanos.*

*Mas e os que vivem nos grandes centros e não têm um pasto cheio de estrume de vaca com grandes cogumelos, como fazem? E o tempo que se gasta para preparar um chá combina com uma sociedade de consumo?*

*O ser humano fabrica aquilo de que precisa. Fabrica sua própria natureza.*

Então, no laboratório, fabricamos o que chamamos perturbadores sintéticos. Isto é, sintetizamos os "poderes" dos alucinógenos naturais.

Por acaso, um dia um pesquisador aspirou um pó em seu laboratório e sentiu transformações nas figuras que via. Era a descoberta do LSD, abreviatura em inglês de **D**ietilamina de **Á**cido **L**isérgico.

Logo depois da descoberta do cientista, tentou-se usar o LSD para fins psiquiátricos. Mas logo se viu que não existia utilidade para ele, e hoje é uma substância proibida pelo Ministério da Saúde do Brasil, tanto na produção como no comércio.

Sabe como é chamado popularmente o LSD? "Ácido" ou "doce".

Os ácidos apresentam-se como "pontos" ou "papéis"; pelo fato de serem muito discretos, são facilmente transportados ou enviados pelo correio — o que dificulta muito seu controle.

As pessoas tomam "doces" ou "ácidos" para ter alucinações ou delírios.

Você se lembra do que são alucinações ou delírios?

**Sabe qual a diferença entre eles? Então não está na hora de saber?**

Do *ponto de vista físico* o LSD não provoca grande intoxicação, mas do *ponto de vista psíquico* a questão é muito séria.

Vou contar dois exemplos para você poder avaliar:

Se eu tomo LSD, posso ter um delírio de grandeza e achar que posso voar. Se eu moro no 13º andar, posso pular da janela para voar. Na sensação, esta seria uma "boa viagem", mas, na realidade, pode ser a última.

Posso ainda ter delírio persecutório (de perseguição) e achar que a polícia está me perseguindo e ficar tão assustada que atravesso a rua sem olhar e posso ser atropelada. Essa é considerada uma "má viagem".

Tem mais uma informação interessante sobre o LSD: semanas ou até meses depois de você tomar um LSD, você pode ter o que se chama de *flashback*. Você tem todos os sintomas da "viagem" anterior sem tomar a droga.

Essa é uma vivência descrita como muito estranha, porque você não está procurando por ela (não tomou o ácido), e ela volta.

Quem usa LSD adquire uma tolerância muito rápida. Lembra-se desse conceito?

Mas, se a pessoa parar o uso, a tolerância desaparece; por isso, o LSD não leva comumente à dependência.

## 4. ECSTASY OU "DROGA DO AMOR"

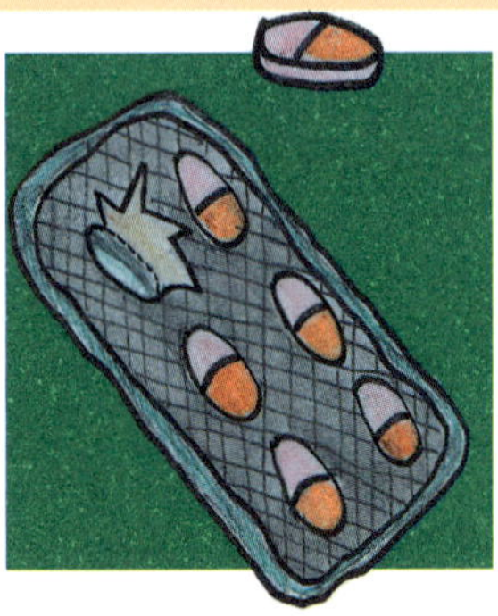

*"Aumenta o bem-estar e a euforia, o sujeito fica alegre, falante, com a impressão de que é agradável, simpático e muito sociável. A sexualidade também fica alterada. Para a maioria, aumenta o desejo sexual."*

**(Frase de um usuário da "droga do amor")**

Tudo isso num só comprimido? Uau!!!

Mas a que preço?

Vamos aprender um pouco sobre essa droga e seus efeitos.

O *ecstasy* é uma droga sintética que induz a alterações na percepção. Já foi usado como estimulante para moderar o apetite, no tratamento do mal de Parkinson, como antidepressivo e até mesmo como desinibidor nas sessões de psicoterapia, pois se acreditava que a droga causava desbloqueio de algumas lembranças reprimidas. Depois, começou a aparecer em festas. É usada para provocar estado de euforia quase incontrolável, que pode durar até 12 horas, além de uma grande necessidade de contato físico com outra pessoa.

Hoje, diante de tantos efeitos colaterais, que se assemelham aos provocados pelo LSD, esta droga foi descartada como medicamento. Mas, apesar do alto custo, continua sendo usada como pílula do amor.

Essa droga intensifica a produção de serotonina, um dos neurotransmissores responsáveis pela sensação do prazer. O *ecstasy* é o apelido de um nome quilométrico: metilenodioximetanfetamina, ou simplesmente pela sigla MDMA. É bastante tóxico. Possui alto poder de viciar, tanto física como psicologicamente.

De 20 a 60 minutos após a ingestão do comprimido, surgem os primeiros efeitos. O principal órgão atingido é o cérebro. Outro efeito é o aumento da temperatura do corpo, que pode chegar a 42 graus. O usuário transpira muito, desidrata-se e passa a beber muita água.

Depois que o efeito passa, o nível de serotonina cai e então surgem os efeitos desagradáveis. O usuário mergulha em depressão. Outros efeitos, como dores musculares e fadiga, podem durar vários dias.

Então, agora você já pode avaliar os riscos que ela oferece?

Vale a pena?

*Atenção - Está sendo colocada no mercado uma nova droga, o "ice". Certamente você ouvirá falar dela e será estimulado a usá-la.*

*Cuidado, comprar felicidade não é possível.*

# Conclusão

Percorremos um caminho juntos. Temos agora alguns ou muitos conhecimentos sobre as drogas, suas funções, seus problemas.

E agora?

Agora terminou uma parte do caminho — chegamos a uma encruzilhada — e começou outra. A nossa parte. Chegou a hora de refletirmos sobre nós mesmos, somando este novo conhecimento.

Claro que só o conhecimento sobre as drogas não é suficiente. Seria o mesmo que ficarmos olhando para uma receita de bolo e já acharmos que bastaria isso para ficar pronto.

Só que nesse caso a "confecção do bolo" é diferente. Para ter experiência e refletir sobre um problema não é preciso vivê-lo. Por exemplo: pensamos sobre a morte, a doença, o assalto, sem necessariamente estarmos dentro dessas experiências e, muitas vezes, vivemos uma situação como ser assaltado por estar com a bolsa aberta e não aprendemos a fechar a bolsa. Continuamos com a bolsa aberta. Então a experiência da qual estamos falando não é concreta.

Você se lembra da história da mãe-pássaro do começo do livro? Acho que neste momento ela pode voltar a nos ajudar. Se, porventura, na vida começarmos a encontrar justificativas que nos afastem de nossa condição humana, isto é, se nos colocarmos muito perto da morte sem desejo de preservar nossa vida, estaremos sendo mais pássaros do que pessoas.

Mas se, apesar do nosso conhecimento e da nossa percepção de que estamos nos afastando de nossa condição humana, continuarmos nos afastando, podemos provocar outras pessoas que nos ajudem a pensar sobre nós mesmos.

Na sequência, podemos contar com nossas famílias, com nossos amigos, com orientadores de escola e com profissionais especializados.

Para compreender a mãe-pássaro, eu contei com a sabedoria do jardineiro. Aquele meu amigo nadador precisou ser quase carregado pela correnteza do rio para considerar a sabedoria dos índios.

As drogas estão aí. Fazem parte de nossa realidade; nós também estamos aqui e temos de pensar quanto estamos satisfeitos com nossa realidade e o que poderemos fazer para mudá-la efetivamente e não só por alguns momentos.

Como seres humanos, vivemos sempre essa ambiguidade entre nossa desvalorização e nossa supervalorização. Não é verdade que podemos tudo, mas também não é verdade que não podemos nada.

Podemos pensar e decidir sobre nós mesmos.

# Sugestões para leitura

### ABRE-TE, SÉSAMO!

Júlio Emílio Braz
São Paulo, FTD, 1997.

Relata a experiência de uma jovem dependente química e todo um processo de recuperação por meio da prática esportiva. Paralelamente, a mãe é ajudada a compreender, ajudar e amar os filhos.

### A VIDA DO TOXICÔMANO

Claude Olivenstein
Rio de Janeiro, Zahar, 1983.

O livro é relato de um seminário que ocorreu numa clínica de heroinômacos na França. Traz conceitos muito importantes, mas só deve ser usado por técnicos.

### COMO AGEM AS DROGAS – O ABUSO DAS DROGAS E O CORPO HUMANO

Gesina L. Longenecker
Editora Quark do Brasil, 1998.

A grande preciosidade deste livro são as suas ilustrações, que clarificam para o aluno o trajeto das drogas no corpo humano.

### DOCES VENENOS – CONVERSAS E DESCONVERSAS SOBRE DROGAS

Lidia Rosenberg Aratangy
São Paulo, Olho d'água, 1991.

É escrito em linguagem clara e mostra o ponto de vista do adulto e do adolescente, num diálogo franco entre mãe e filha. É indicado para professores e para alunos a partir de 14 anos.

### DROGADIÇÃO: INDIVÍDUO, FAMÍLIA E SOCIEDADE

Eduardo Kalina e Santiago Kovadloff
São Paulo, Francisco Alves, 1976.

Uma abordagem de temas importantes para a compreensão da drogadição. É baseado na experiência de dois argentinos. Indicado para a equipe técnica.

### DROGAS – MITOS E VERDADES

Beatriz Carlini Cotrim
Coleção De Olho na Ciência. São Paulo, Ática, 1997.

É um livro escrito para jovens. O assunto drogas começa a partir de uma história. Tem importantes chamadas sobre a origem das drogas. É indicado para professores que estão se iniciando no assunto e para jovens a partir de 12 anos.

## Drogas – Prevenção e tratamento

Marta Ana Jezierski e Regina H. B. Figueiredo Palma
Ícone, 1988.

As autoras apresentam o tema com tranquilidade, fazem propostas e esclarecem dúvidas. Indicado para equipe técnica e para consulta de alunos.

## Drogas – Subsídios para uma discussão

Jandira Masur e E. A. Carlini
São Paulo, Brasiliense, 1989.

O livro apresenta a posição de dois cientistas sobre diferentes aspectos do problema. Utilizando-se de gráficos, faz um estudo para desmistificar o assunto "qual a pior droga?". Indicado para professores e alunos.

## Drogas – Uma compreensão psicodinâmica das farmacodependências

Dartin Xavier da Silveira Filho
São Paulo, Casa do Psicólogo, 1995.

O livro baseia-se na experiência de profissionais de uma instituição pública em São Paulo. Indicado para equipe técnica das escolas.

## Folhetos informativos do Cebrid

Do Departamento de Psicobiologia da Escola Paulista de Medicina.
Uma proposta pedagógica para ser usada como material didático em momentos diversos em sala de aula, a partir da 6ª série. Apresenta informações científicas e de fácil linguagem.

## Não seja vítima de seus filhos – Um guia para pais e filhos dependentes de álcool e drogas

Charles Rubim
São Paulo, Summus, 1999.

O livro trata do problema de filhos adultos que são dependentes desde a adolescência e discute a codependência dos pais. Indicado para as equipes técnicas das escolas.

## O alcoolismo

Ronaldo Laranjeira e Ilana Pinsky
São Paulo, Contexto, 1998.

A questão do alcoolismo é tratada de forma clara, encarando verdades e mitos sobre o assunto. Pode ser lido por jovens, mas merece uma posterior discussão.

## Para compreender o alcoolismo – Teoria e prática

Vicente Antonio de Araújo
São Paulo, Edicon, 1985.

Baseado na sua experiência, o autor, em linguagem clara e simples, fala do problema do alcoolismo. Indicado para equipe técnica e para pesquisa de alunos.

# Filmes disponíveis em vídeo

## O informante – 1999

Diretor: Michael Mann

Discussão sobre a dificuldade de se fazer uma denúncia que acusaria uma companhia de cigarros.

## Gênio indomável – 1997

Diretor: Gus Van Sant

Conta a história de um jovem sem condições econômicas para estudar em uma universidade, mas que, por esforço próprio e consideração afetiva de uma jovem, vence.

## Todos os corações do mundo – 1995

Diretor: Murilo Sales

O futebol serve de veículo para retratar diferentes expressões de emoção e momentos de solidariedade e confraternização.

## Forrest Gump – O contador de histórias – 1994

Diretor: Robert Zemeckis (Com Tom Hanks)

Epopeia sobre uma vida inteira; uma fábula de ensinamentos que não dependem do QI.

## Jamaica abaixo de zero – 1993

Diretor: Jon Turteltaub (Com John Candy)

Aparentemente um filme sobre o espírito esportivo. Mas é também uma obra-prima sobre a solidariedade, o espírito de equipe e o respeito a si mesmo e ao outro. Fundamental.

## O banquete de casamento – 1993

Diretor: Ang Lee (Com Winston Chao e May Chin)

O filme aborda a questão da homossexualidade masculina de maneira leve, conduzindo o espectador a se identificar com os personagens, abalando assim os estereótipos sobre o amor e a sexualidade.

## O clube da felicidade e da sorte – 1993

Diretor: Wayne Wang (Com Kailu Shewh e Taneyn Kataita)

A história de quatro imigrantes chinesas nos Estados Unidos serve de pano de fundo para lidar com o choque de gerações e o preconceito.

## O feitiço do tempo – 1993

Diretor: Harold Banis (Com Bill Murray)

A história aparentemente despretensiosa do repórter ranzinza e egoísta que se transforma com a repetição de um único dia de sua vida evoca temas fundamentais, como a solidariedade e o preconceito.

## Grand Canyon – Ansiedade de uma geração – 1991

Diretor: Lawrence Kasdan (Com Kevin Kline e Steve Martin)

Choque de gerações e de valores num filme denso e emocionante.

### Sociedade dos poetas mortos – 1989

Diretor: Peter Weir (Com Robin Williams)

Professor apaixonado e criativo leva seus alunos (e a plateia) a indagações sobre o significado do conhecimento e a importância da cultura.

### O *show* deve continuar – 1979

Diretor: Bob Fosse

O filme mostra um dependente de medicamentos estimulantes e seu "namoro" com a morte.

## Músicas

### An awful thing to waste

Supertramp (Free as a Bird, 1987)

Refere-se ao esforço de fazer com que alguém abandone a droga (cocaína), apelando para a vida, dizendo que a mente é algo precioso demais para ser desperdiçada.

### Cocaine

Eric Clapton (Backless, 1988)

Fala da cocaína e dos seus efeitos no usuário, como alterações na percepção e agitação.

### Dr. Jimmy

The Who (Quadrophenia, 1973)

Trata de um usuário de álcool e sua transformação em outra pessoa, agressiva, sem limites, e da sensação de estranhamento que fica posteriormente.

### Easy Skanking

Bob Marley (Kaya, 1978)

Trata do uso da maconha, do ato de acender o cigarro *(light my spliff)* e do ritual ligado ao ato de fumar.

### Kaya

Bob Marley (Kaya, 1978)

Fala do desejo de fumar maconha (Kaya) e seus efeitos, tendo como pano de fundo um dia chuvoso.

### Lança-Perfume

Rita Lee (Rita Lee, 1980)

Fala do lança-perfume de uma forma indireta.

### Legalize it

Peter Tosh (Legalize it, 1976)

Trata da maconha. Defende o uso da maconha alegando que médicos e juristas são usuários e que seu uso é benéfico para asma, tuberculose e trombose.

### LUCY IN THE SKY WITH DIAMONDS

The Beatles (Sgt. Pepper's Lonely Hearts Club Band, 1973)

Fala do LSD (sigla da letra da música) descrevendo seus efeitos alucinógenos.

### THE ACID QUEEN

The Who (Tommy, 1969)

Trata do LSD. Seus efeitos sobre um rapaz, fazendo com que ele jamais volte a ser o mesmo em função da intensidade da experiência, comparada a uma convulsão.

### STARWAY TO HEAVEN

Led Zeppelin (Led Zeppelin IV, 1971)

Diz que a droga seria uma escalada para o céu, contando seus efeitos e fazendo uma avaliação crítica ao uso prolongado.

## *Sites* da Internet/Instituições para contatos e obtenção de informações

Observação: Precisamos ter cuidado com *sites* na Internet sobre este assunto. A maioria não é confiável.

### CEBRID - CENTRO BRASILEIRO DE INFORMAÇÕES SOBRE DROGAS

Endereço: Universidade Federal de São Paulo
Departamento de Psicologia
Rua Botucatu, 862 – 1º andar
CEP 04023-062 – São Paulo – SP
Tel. (0xx11) 539 0155 – Fax (0xx11) 5084 2793
*e-mail cebrid@psicobio.epm.br*

### ABEAD – ASSOCIAÇÃO BRASILEIRA DE ESTUDOS DO ÁLCOOL E OUTRAS DROGAS

Endereço: Avenida Taquara, 596/402
CEP 90460-210 – Porto Alegre – RS
Fone/fax (0xx51) 333 4522
Rua Dinis Cordeiro, 19 – Botafogo
CEP 22281-100 – Rio de Janeiro – RJ
Fone/fax (0xx21) 539 7941/286 1863
*e-mail abead@netgate.com.br*

### SENAD – SECRETARIA NACIONAL ANTIDROGAS

Subsecretaria de Prevenção e Tratamento
Gabinete de Segurança Institucional – GSI – PR
Palácio do Planalto – Anexo II – sala 235
CEP 70150-900 – Brasília – DF
Tel. (0xx61) 411 2164 – Fax (0xx61) 411 2110
*e-mail mariacclh@planalto.gov.br*
*http://www.senad.gov.br*

### HOSPITAL ISRAELITA ALBERT EINSTEIN

*www.einstein.br*

Impresso no Parque Gráfico da Editora FTD
Avenida Antonio Bardella, 300
Fone: (0-XX-11) 3545-8600 e Fax: (0-XX-11) 2412-5375
07220-020 GUARULHOS (SP)